Anja Jaroschinski

Kreativ mit Formy

Stempel selber machen

ENGLISCH VERLAG

Die Deutsche Bibliothek - CIP-Einheitsaufnahme
Kreativ mit Formy: Stempel selber machen / Anja Jaroschinski. -
Wiesbaden: Englisch, 1998
ISBN 3-8241-0865-8

ISBN 3-8241-0865-8

Fotos: Frank Schuppelius
Printed in Spain

Inhaltsverzeichnis

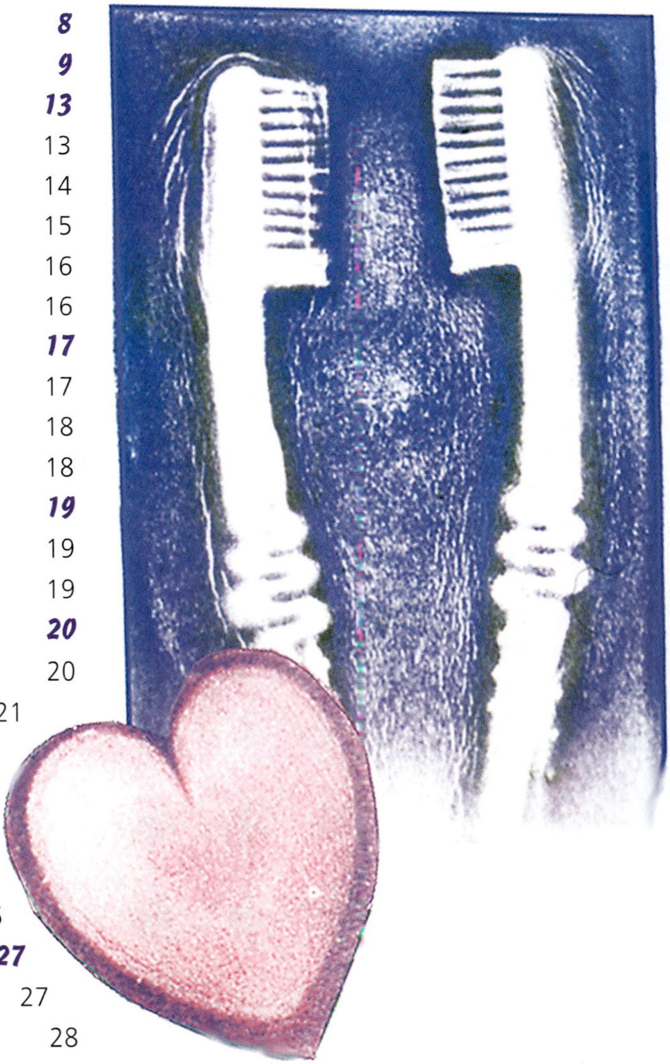

Vorwort

Mit Formy Stempel selber machen - das ist ganz einfach und macht enorm viel Spaß. Formy bedeutete für meine ganze Familie ein kreatives Schlüsselerlebnis. Noch nie waren wir, was Kreativität und Gestaltung anbelangt, so einhellig einer Meinung: „Formy ist cool", urteilten meine Kinder; „Tolle Sache", kommentierte mein Mann mit einem Anflug ehrlicher Begeisterung. Meine Familie und ich sind im Formy-Fieber und ich verspreche Ihnen, dieses Fieber ist ansteckend. Mit Formy können Sie von den vielen Dingen aus Ihrer nächsten Umgebung schöne und originelle Stempel herstellen. Formy bildet Gegenstände und Strukturen fotorealistisch ab. Muscheln, Blätter oder Gräser aus der Natur aber auch Wäscheklammern, Reißverschlüsse, Spielzeugautos, Püppchen, Bonbons, Nüsse, Schmuckstücke ... und sogar die eigenen Ohren. Finger, Hände und tausend Dinge mehr lassen sich mit Hilfe von Formy zu vielerlei gestalterischen Zwecken einsetzen. Formy eignet sich zum kreativen Gestalten in der Schule, im Kindergarten, in Therapieeinrichtungen sowie für Kreativkurse und Workshops.

Ich möchte mit diesem Buch ein wenig von meiner eigenen Begeisterung vermitteln und Ihnen meine besten Ideen und Stempeltricks mit Formy verraten. Ich wünsche Ihnen viel Spaß und gute Laune allein oder zusammen mit Freunden beim Gestalten mit Formy.

Anja Jaroschinski

Materialkunde

Formy ist ein Material, das beim Erwärmen weich und somit formbar wird. In den erwärmten Formy können Sie alle erdenklichen Gegenstände oder Strukturen hineindrücken. Formy mit Motiv-Eindruck kann sofort als Stempel verwendet werden. Sollte Ihnen Ihr fertiger Formy-Stempel nicht gefallen oder besitzen Sie vielleicht nur einen Formy-Block, erwärmen Sie ihn einfach erneut. Nach ein paar Sekunden bildet sich der Eindruck wieder zurück und Formy kann ein neues Motiv aufnehmen. Das Material kann mehrere Male hin- und hergeformt werden. Allerdings zeigt der erste und zweite Eindruck am besten scharfe Konturen und Details. Selbstverständlich können alle 6 Seiten des Formy-Blocks mit Motiven versehen werden. Mit nur wenigen Formys besitzen Sie deshalb schon einen guten Grundstock für eine originelle Stempelsammlung. Formys gibt es in verschiedenen Größen und Formen: als Block, als Platte im DIN-A5-Format, in Herzform oder aber rund. Formys können mit einem scharfen Skalpell in jede beliebige Größe und Form zurechtgeschnitten werden. Das Material ist vollkommen unbedenklich, umweltfreundlich und kann im Hausmüll entsorgt werden.

Motivsuche

Sie können eine unendlich große Vielzahl an Figuren, Formen und interessant strukturierten Oberflächen für die Gestaltung mit Formy benutzen. Wenn Sie sich genau da, wo Sie jetzt sitzen, umschauen, entdecken Sie mit Sicherheit etwas, das sich lohnt auszuprobieren. Küche und Kinderzimmer sind aufregende und Erfolg versprechende Suchfelder. Auch der Vorratsschrank mit verschieden geformten Nudeln, das Nähkästchen mit Garnrollen und Reißverschlüssen, das Glas mit Muscheln aus den letzten Ferien, das Schmuckkästchen und der Kleiderschrank sind wahre Fundgruben. Dehnen Sie Ihre Motivsuche auf Garten, Wald und Feld aus und sammeln Sie Blätter, Gräser oder Baumrinde. Wo Sie auch gehen und stehen, gibt es Dinge, die nur darauf warten, zu Ihrem persönlichen Stempel zu werden. Ein besonderer Spaß ist es, die eigenen Ohren, Finger oder Hände in den Formy-Block zu drücken. Formy schult den Blick für die Umgebung und ist gerade auch für Kinder ein wertvolles, die Kreativität und Wahrnehmung förderndes Bastelmaterial. Und noch ein Tipp: Legen Sie sich eine Formy-Sammlung an. Ich besitze zu verschiedenen Themen Schachteln mit gelungenen Formys. Außerdem sollten Sie immer einen Formy bei sich tragen. Ich habe schon viele interessante Gegenstände bei Freunden und Verwandten entdeckt und konnte sofort einen Stempel herstellen.

Wärmequellen

Formys können auf bzw. über beliebigen Heizquellen erwärmt werden. Geeignet sind: Toaster, alte Bügeleisen, Herdplatten, Kachelöfen, Heißluftgeräte, gut heiß werdende Haarföns, Warmhalteplatten und vieles mehr.
Wer sicher und bequem arbeiten möchte, wird sich ein kleines Spezialbügeleisen zulegen, das wie eine kleine Heizplatte aufgebaut werden kann. Dieses Encaustic-Maleisen ist für das Malen mit flüssigem Bienenwachs gedacht. Das Eisen ist dem herkömmlichen Bügeleisen bei der Wärmeübertragung auf den Formy überlegen und trotzdem wird es nicht so heiß wie z.B. eine Herdplatte. Mit diesem Gerät laufen Sie nicht Gefahr, den Formy-Block zu verbrennen. Es ist im gut sortierten Hobbyfachhandel erhältlich.

Farben

Formy darf nur mit wasserlöslichen, langsam trocknenden Farben eingefärbt werden.
Die Farbe sollte von dickflüssiger Konsistenz sein. Ich persönlich arbeite am liebsten mit Pigment-Stempelkissen. Diese Stempelkissen besitzen ein erhöhtes, weiches Schaumkissen, mit dem Sie in alle Vertiefungen des Motivs hineintupfen und auch große Formys problemlos einfärben können. Der Farbauftrag wird mit diesen Stempelkissen besonders gleichmäßig und garantiert einen schönen Abdruck des Motivs. Die Pigmenttinte ist lichtecht und für Papier, Pappe, Tapete und Holz geeignet. Die Tinte trocknet sehr langsam, allerdings ist die Farbe nicht ganz deckend. Pigment-Stempelkissen sind nachfüllbar und es gibt sie in einer großen Auswahl von Farben. Wenn Sie Textilien stempeln, benutzen Sie für Stoff geeignete Stempelkissen oder verwenden Sie Stoffmalfarbe bzw. angedickte Seidenmalfarbe. Die Abdrücke werden nicht ganz so klar und farbintensiv wie mit Stoffstempelkissen, können jedoch auch sehr reizvoll sein. Die Farbe von Stoffstempelkissen ist bügelfixierbar.

Grundanleitung

Erwärmen des Formy-Blocks

Bei einem Toaster als Wärmequelle wird der Formy im Abstand von ca. 2-3 cm über den Brotschlitzen des Toasters leicht hin und her bewegt. Achten Sie darauf, dass der Formy niemals auf den Toaster gelegt werden darf, die Hitze wäre zu groß und Ihr Formy würde schmelzen. Zählen Sie nun langsam bis 12. Wenn Sie ein altes Bügeleisen benutzen wollen, stellen Sie es auf „Baumwolle" ein. Stellen Sie das Eisen mit der Fläche nach oben auf (manche Eisen kann man auf den Griff stellen). Warten Sie ca. 30 Sekunden bis der Formy warm genug ist.

Bei einem Encaustic-Maleisen wird die höchste Heizstufe eingestellt und das Eisen zu einer kleinen Heizplatte umgebaut. Auf diesem Gerät benötigt Formy ca. 20 Sekunden, um weich und somit formbar zu werden. Das Arbeiten geht schnell und problemlos.

Besondere Vorsicht ist bei einem Heißluftgerät geboten:

Halten Sie mindestens 20 cm Abstand vom Formy und bewegen Sie das Heißluftgerät ständig hin und her. Sie werden schnell ein Gespür dafür entwickeln, wann Ihr Formy „gar" ist. Die unterste Schicht fängt leicht an zu glänzen und wird etwas dunkler in der Farbe. Lassen Sie Kinder bitte nicht unbeaufsichtigt mit heißen Geräten arbeiten und lassen Sie Formy niemals auf einer heißen Wärmequelle allein. Wenn Formy zu heiß wird, bilden sich Bläschen und die Oberfläche wird zerstört. Formy schmilzt unter sehr großer Hitzezufuhr. Beginnen Sie bitte bei allen nicht beschriebenen Hitzequellen mit der kleinsten Heizstufe und tasten Sie sich vorsichtig heran.

Eindrücken eines Gegenstandes

Ist der Formy weich, wird er von der Wärmequelle heruntergenommen und mit der warmen Fläche nach oben auf den Tisch gelegt. Pressen Sie sofort den Gegenstand mit herzhaftem Druck in die warme Fläche, halten Sie ihn ca. 2 Sekunden fest und nehmen Sie ihn dann heraus.

So sieht ein guter Eindruck aus:

Der Gegenstand ist exakt, mit allen Details abgebildet. Der Eindruck hat scharfe Kanten und ist ungefähr 3 mm tief. Bei einem schlechten Eindruck ist der Gegenstand zu tief eingedrückt und der Eindruck hat runde, wulstige und faltige Kanten. Die Ursache hierfür kann sein, dass der Formy zu lange erhitzt wurde und somit das Material zu weich geworden ist oder dass der Gegenstand zu heftig in den Formy hineingedrückt wurde.

Einfärben des Formy-Blocks

Um einen schönen Abdruck zu erhalten, ist es sehr wichtig, den Formy gleichmäßig einzufärben. Tupfen und reiben Sie abwechselnd das Pigment-Stempelkissen auf den Formy bis die gesamte Fläche eingefärbt ist. Seien Sie nicht zu zaghaft, färben Sie den Formy kräftig ein. Ein nicht mehr ganz volles Stempelkissen klopfe ich sogar hörbar über die einzufärbende Fläche.
Tipp: Lagern Sie Ihre Pigment-Stempelkissen auf dem Kopf, damit sich die dickflüssige Tinte immer an der Oberfläche des Stempelkissens sammelt.
Ein geeignetes Hilfsmittel für das Auftragen von mehreren Farben gleichzeitig sind kleine Fingertupfer. Sie werden wie ein Fingerhut aufgesetzt und besitzen eine kleine Schaumkappe. Nehmen Sie mit dem

Fingertupfer Farbe vom Stempelkissen ab und betupfen Sie Ihr Formy-Motiv nach Wunsch. Wenn Sie kein Stempelkissen benutzen wollen, tupfen Sie Ihre Farben mit einem Schwämmchen auf.

Stempeln mit Formy

Zum Stempeln wird der eingefärbte Formy kräftig auf das Papier gedrückt. Mit dem Handballen wird der Block ein wenig hin und her gewiegt. Besitzt Ihr Motiv-Eindruck starke Vertiefungen, können Sie jetzt beim Abdrucken mit einem Finger ganz gezielt mehr Druck auf diese Stellen ausüben.

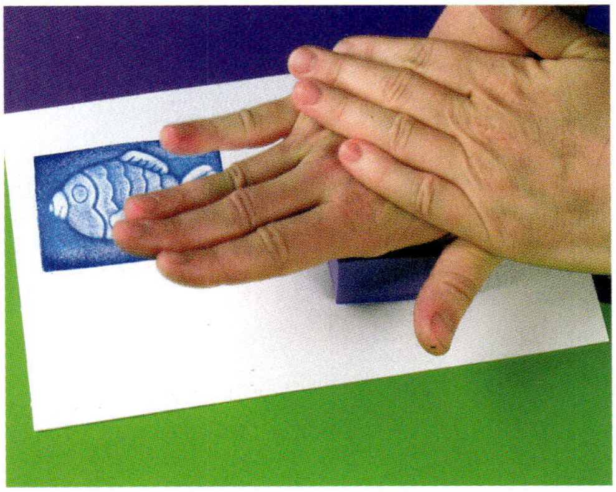

Ein guter Abdruck zeigt ein fotorealistisches Negativbild des Gegenstandes. Alle Details sind gut zu erkennen. Ein schlechter Abdruck zeigt nur die Umrisse eines Gegenstandes, die Details sind nicht abgebildet. Der Gegenstand wurde entweder zu tief in den Formy eingedrückt oder Sie sind beim Abdrücken zu zaghaft gewesen.

Erstellen eines neuen Motivs

Formy kann mehrfach verwendet werden. Möchten Sie einen Eindruck wieder entfernen, erwärmen Sie Formy erneut. Je nachdem, wie tief der vorangegangene Eindruck war, dauert es unterschiedlich lange, bis die Oberfläche wieder glatt ist. Meine Erfahrungswerte liegen bei ca. 30-60 Sekunden. Der Formy ist jetzt sehr weich und empfindlich, lassen Sie ihn gänzlich abkühlen, bevor Sie ihn für ein neues Motiv benutzen, ansonsten erhalten Sie Falten oder Wülste.

Abdruck von dünnen und zarten Gegenständen

Es gibt Gegenstände und Strukturen, die so zart sind, dass sie nicht in den Formy gedrückt werden können, ohne dass Sie sie dabei zerstören oder dass sich Ihre Finger ungewollt mit abdrücken. Wenn Sie Blätter, Gräser, Spitzenborten oder Ähnliches abdrücken wollen, sollten Sie als Hilfsmittel ein Brettchen oder ein Buch verwenden.
Pflücken Sie für einen Blattabdruck ein frisches Blatt (ein getrocknetes Blatt würde zerbröseln) und erwärmen Sie den Formy wie gewohnt. Legen Sie das Blatt mit der

stärker strukturierten Seite nach unten auf den warmen Formy und pressen Sie mit einem Buch oder einem Brettchen von

oben darauf. Mit dieser Vorgehensweise können Sie immer die Position des Blattes auf dem Formy bestimmen.
Eine zweite Möglichkeit ist, das Blatt mit der strukturierten Seite nach oben auf den Tisch zu legen und dann mit dem Formy-Block auf das Blatt zu drücken.
Je nachdem von welcher Beschaffenheit Ihr Gegenstand ist, sollten Sie von Mal zu Mal entscheiden, welche Arbeitsweise sich besser eignet.

Reinigen des Formy-Blocks

Formys können problemlos gereinigt werden. Halten Sie ihn einfach unter fließendes, lauwarmes Wasser und säubern Sie ihn mit einem weichen Schwamm. Bevor Sie weiterarbeiten, tupfen Sie den Formy mit Küchenkrepp vorsichtig trocken. Schrubben Sie Formy niemals mit einer Bürste, sonst verletzen Sie die zarte Zellstruktur. Reinigen Sie Formys immer, bevor Sie eine neue Farbe auftragen und natürlich nach Beendigung des Stempelns. Das Material erhält noch eine zusätzliche Pflege, wenn Sie von Zeit zu Zeit einen speziellen Stempelreiniger für Formy verwenden.

Einprägen von Worten und Zeichnungen

Wenn Sie Formy mit einem Schwämmchen gut anfeuchten, können Sie einfache Zeichnungen und sogar Namen, Grüße und kleine Botschaften einprägen. Verwenden Sie hierfür einen Kugelschreiber oder einen speziell als Zubehör erhältlichen Griffel.
Feuchten Sie die gewünschte Seite des Formys mit Wasser an. Fahren Sie eine Linie auf dem angefeuchteten Formy mit sanftem Druck mehrfach nach, bis eine Einkerbung entsteht. Halten Sie den Kugelschreiber dabei nicht zu steil. Ist der Formy zu trocken, gibt das Material merkwürdige Quietschlaute von sich und reißt ein. In diesem Fall müssen Sie den Formy nochmals anfeuchten und können erst dann weiterarbeiten. Denken Sie daran, dass Sie Spiegelschrift schreiben müssen! Die eingeprägten Motive bilden sich bei dieser Technik durch erneutes Erwärmen nicht zurück.

Originelle Karten

Karte mit Wäscheklammern

Material

- Wellpappe in Lila, 24 x 18 cm
- weißer Fotokarton
- eckiger Formy
- Wäscheklammer
- Schere, Konturenschere
- Klebstoff
- 5-farbiges Pigment-Stempelkissen
- Pigment-Stempelkissen in verschiedenen Farben

Anleitung

Drücken Sie, wie in der Anleitung beschrieben (S. 9), die Wäscheklammer in den erhitzten Formy-Block und stempeln Sie vier Motive in unterschiedlichen Farben nebeneinander. Schneiden Sie nun mit der Konturenschere die Karte aus und kleben Sie sie auf die in der Mitte geknickte Wellpappekarte.

Neue Rufnummer

Material

- Fotokarton in Grün, 24 x 17 cm
- weißes Tonpapier
- Formy-Platte
- Handy
- Krepppapier in Lila
- 5-farbiges Pigment-Stempelkissen
- Schere, Klebstoff und Filzstift

Anleitung

Gemäß der Grundanleitung (ab S. 9) wird ein Abdruck des Handys gemacht und in einem Farbverlauf auf Tonpapier gestempelt. Die Sprechblase wird ebenfalls mit Stempelfarbe eingefärbt. Schneiden Sie nun das Handy und die Sprechblase aus und kleben Sie beides auf die Karte. Zuletzt wird aus Krepppapier eine Schleife geformt und ebenfalls aufgeklebt.

Urlaubsgrüße

Material

- Fotokarton in Hellblau, 24 x 18 cm
- weißes Tonpapier
- eckiger Formy
- Topfschrubber
- 2 Muscheln
- Wollfäden
- Büttenrandschere und Klebstoff
- Pigment-Stempelkissen in Blau, Grün und Schwarz

Anleitung

Drücken Sie auf die Oberseite des Formy-Blocks gemäß Anleitung (s. S.9) die Muscheln und den Topfschrubber und auf eine Kante Wollfäden. Legen Sie die Muscheln auf den Topfschrubber, erwärmen Sie den Formy und drücken Sie ihn von oben darauf. Stempeln Sie das Muschelmotiv auf weißes Tonpapier, die Wollfäden auf die Karte. Schließlich wird das Muschelmotiv ausgeschnitten und auf die Karte geklebt.

Grüße vom Baby

Material

- Fotokarton in Blau, 24 x 18 cm
- weißes Tonpapier
- Tortenspitze und Schleifchen
- Formy-Platte
- Schere und Klebstoff
- Pigment-Stempelkissen in Blau und Rosa

Anleitung

Diese Fußabdrücke sind von Paul. Paul ist ein halbes Jahr alt und der Abdruck seiner Füße hat ihm viel Spaß gemacht. Testen Sie die Wärme des Formy-Blocks unbedingt mit der Hand, bevor Sie Ihr Kind auf die Platte stellen. Färben Sie anschließend den Formy ein, stempeln Sie ihn auf Tonpapier und kleben Sie den ausgeschnittenen Fußabdruck auf die Karte. Zuletzt wird diese mit Tortenspitze und einem Schleifchen verziert.

Geburtstagsgeschenk

Material

- weißes Tonpapier
- Tortenspitze
- Formy in Herzform
- Konturenschere und Klebstoff
- Pigment-Stempelfarbe in Blau

Anleitung

Die Tortenspitze wird gemäß Anleitung (S. 11) mit einem Brettchen auf den Formy in Herzform gedrückt und dieser anschließend gestempelt. Schneiden Sie nun das Herz mit der Konturenschere aus und kleben Sie es auf das Geschenk. Mit einem solchen Herz können Sie auch eine Geburtstagskarte schmücken.

Einladung zum Essen

Tischset

Material

- Fotokarton in Weiß, ca. 35 x 20 cm
- weißes Tonpapier
- Formy-Platten DIN A5, eckiger Formy
- getrocknete Orangenscheibe
- Messer und Gabel
- Plastikfisch
- Muscheln
- Topfschrubber
- Teller mit Zierrand
- Schere und Klebstoff
- Pigment-Stempelkissen in Blau, Gelb, Hellgrün und Schwarz

Anleitung

Schneiden Sie passende Stücke für Messer, Gabel und den Teller aus der Formy-Platte aus und erwärmen Sie diese. Machen Sie zuerst einen Abdruck von dem Teller. Messer und Gabel sollten gleichzeitig eingedrückt werden. Setzen Sie die Gabel an den Zinken an und rollen Sie diese ab. Dann werden die Stempel in Schwarz eingefärbt und auf einem großen Stück Tonpapier nebeneinander abgestempelt. Ordnen Sie anschließend die Muscheln auf dem Topfschrubber an, erwärmen Sie den Formy und drücken Sie ihn von oben darauf. Mit diesem Stempel werden die freien Stellen des Tonpapiers bestempelt. Der Abdruck der Orangenscheibe wird eingefärbt, mehrere Male gestempelt und ausgeschnitten. Der Plastikfisch wird ebenfalls in ein erwärmtes Formy-Stückchen eingedrückt, eingefärbt und abgestempelt. Zuletzt werden alle Motive aufgeklebt. Lassen Sie das Tischset in einem Kopie-Shop auf DIN A3 laminieren.

Tipp: Kleben Sie die Motive sehr sorgfältig mit einer dünnen, gleichmäßigen Schicht flüssigen Klebstoffs oder mit Sprühkleber auf, ansonsten entstehen beim Laminieren Lufteinschlüsse, sodass trübe Stellen im Laminat erscheinen.

Menükarte

Material

- Wellpappe in Weiß, 18 x 24 cm
- weißes Tonpapier
- eckiger Formy
- Messer und Gabel
- Schere, Konturenschere und Klebstoff
- Pigment-Stempelkissen in Schwarz
- ein Stück Kordel in Weiß
- Stempel oder Filzstift

Anleitung

Erwärmen Sie den Formy gemäß Grundanleitung (S. 9) und drücken Sie Messer und Gabel in dem Block ab. Der Stempel wird mit schwarzer Pigmentfarbe eingefärbt und auf Tonpapier abgestempelt. Die Schrift können Sie entweder stempeln oder mit Filzstift schreiben. Nun wird das Motiv mit einer Konturenschere ausgeschnitten und auf die Karte aus Wellpappe geklebt. Zuletzt wird eine Kordel um die Karte gebunden.

Weinkarte

Material

- Fotokarton in Weiß, 22 x 20 cm
- weißes Tonpapier
- Formy-Platte
- getrocknete Orangenscheibe
- Sekt- und Weinflasche
- Schere
- Pigment-Stempelkissen in Blau, Gelb, Hellgrün und Schwarz

Anleitung

Schneiden Sie mit einer scharfen Schere passende Stücke für die Flaschenhälse aus der Formy-Platte aus. Erwärmen Sie den Formy und drücken Sie die Sektflasche bzw. die Weinflasche ab. Nun wird die Klappkarte aus Fotokarton zurechtgeschnitten (22 x 20 cm) und gefaltet. Färben Sie den Abdruck des Sektflaschenhalses in Schwarz ein und stempeln Sie ihn zweimal auf die Karte. Der Abdruck des Weinflaschenhalses wird ebenfalls eingefärbt und dreimal auf Fotokarton gestempelt. Anschließend werden die Motive ausgeschnitten und auf die Karte geklebt. Ebenso wird der Abdruck der Orangenscheibe gearbeitet. Färben Sie ihn in Gelb, Hellgrün und etwas Schwarz ein.

Motive aus dem Bad

Karte für Verliebte

Material

- Fotokarton in Türkis, 24 x 18 cm
- weißes Tonpapier
- 2 Zahnbürsten
- Plastikherz
- großer Formy-Block und eckiger Formy
- Konturenschere, Schere und Klebstoff
- Pigment-Stempelkissen in Violett und Rosa

Anleitung

Schneiden Sie die Formy-Platte auf eine passende Größe zurecht und fertigen Sie einen Stempel gemäß der Grundanleitung (S. 9) an. Das Herz kann in einen eckigen Formy gedrückt werden. Stempeln Sie das Herz in Rosa, die Zahnbürsten in Violett auf Tonpapier, schneiden Sie anschließend die Motive aus und kleben Sie sie auf die Fotokartonkarte.

Krawatte

Material

- Seidenkrawatte
- kleine, ausgedrückte Tube (z.B. Zahnpasta- oder Cremetube)
- eckiger Formy
- Textilstempelkissen in Hellblau und Schwarz

Anleitung

Schneiden Sie den Formyblock auf eine passende Größe und drücken Sie die Tube mit Hilfe eines Buches oder Brettchens (siehe Grundanleitung S. 9) in den erwärmten Formy. Färben Sie ihn anschließend in Hellblau und Schwarz ein und bestempeln Sie die Krawatte. Zuletzt wird die Krawatte (siehe Anleitung auf dem Stempelkissen) bügelfixiert.

Kissen und Schals

Kleines Kissen in Grün

Material

- Seide oder Taft in Hellgrün
- eckiger Formy
- Gurkenreibe
- Besteckkasten
- Textil-Stempelkissen in Dunkelblau

Anleitung

Nähen Sie einen Kissenbezug in der Größe 35 x 35 cm, waschen und bügeln Sie ihn, bevor mit der Gestaltung begonnen wird.

Erwärmen Sie nun den Formy auf einer Seite und drücken Sie die Gurkenreibe ein. Auf der anderen Seite wird eine passende Fläche des Besteckkästchens eingedrückt. Die Motive werden nun in Längsreihen gestempelt. Färben Sie vor jedem Abdruck den Formy erneut ein und säubern Sie beim Wechseln der Motivseite den Formy mit Wasser. Vor dem nächsten Stempeln muss er vorsichtig mit Küchenkrepp trockengetupft werden. Zuletzt wird das Seidenkissen gemäß der Anleitung auf dem Stempelkissen bügelfixiert.

Kissen mit Glasmotiv

Material

- Seide oder Taft in Orange
- runder Formy
- Wasserglas mit geschliffenem Boden
- Textil-Stempelkissen in Rot und Violett

Anleitung

Der Kissenbezug wird wie das „Kissen in Grün“ genäht und gewaschen.
Erwärmen Sie nun den Formy und drücken Sie den Boden des Wasserglases hinein.
Färben Sie den Stempel erst mit Rot und die Ränder mit Violett ein und stempeln Sie verteilt über das Kissen das Glasmotiv.
Die Farbe wird, wie in der Anleitung zum Stempelkissen beschrieben, bügelfixiert.

Seidenschal in Orange und Grün

Material

- Seidenschal
- eckiger Formy
- Abflusssieb
- Wollfäden
- Textil-Stempelkissen in Orange, Hell- und Dunkelgrün

Anleitung

Wenn das Seidentuch Appretur enthält, müssen Sie den Schal zuerst waschen, trocknen und anschließend bügeln.
Schneiden Sie sich den Formy-Block in eine passende Form und erwärmen Sie ihn.
Das Abflusssieb wird nun kurz hineingedrückt, umgedreht und sofort noch einmal an derselben Stelle eingedrückt. Nur so ist es möglich, sowohl das Innere des Abflusssiebes als auch den äußeren Rand abzubilden. Legen Sie nun die Wollfäden auf den Tisch und drücken Sie die erwärmte Rückseite des Formys, von oben kommend, ab. Dann wird das Abflusssieb in Orange und die Wollfäden in den beiden Grüntönen eingefärbt.
Die Motive werden verteilt auf dem Tuch gestempelt und die Farben schließlich gemäß der Anleitung des Stempelkissens fixiert.

Mehrfarbiger Seidenschal

Material

- Seidenschal
- zwei kleine, eckige Formys
- 2 Muscheln
- 1 Blatt
- Wasserglas mit geschliffenem Boden
- Textil-Stempelfarben in verschiedenen Farben

Anleitung

Entfernen Sie die Appretur aus dem Schal und fertigen Sie Stempel von den Muscheln, dem Boden des Wasserglases und dem Blatt an (siehe Grundanleitung S. 9). Drücken Sie das Blatt mit Hilfe eines Brettchens oder mit einem Buch ab. Nun werden die Formys eingefärbt, wobei, um bessere Kontraste zu erhalten, immer ein hellerer und ein dunklerer Farbton für ein Motiv verwendet wird.
Legen Sie Papier oder Pappe unter den Schal und stempeln Sie die Motive abwechselnd. Vor jedem erneuten Einfärben sollten Sie die Formys reinigen, sonst werden die helleren Stempelfarben schmutzig. Nach dem Waschen muss der Formy mit Krepppapier trocken getupft werden. Ist das Tuch fertig bestempelt, wird es bügelfixiert (siehe Anleitung Stempelkissen).

Spielkarten

Memory

Material

- starker Karton (z.B. die Rückseite eines Malblocks)
- weiße Pappschachtel
- sämtliche Formys, die Sie besitzen
- Pigment-Stempelkissen in verschiedenen Farben
- Fixativspray
- Schere

Anleitung

Ein eigenes Memory mit Formy zu gestalten macht vor allem mit Kindern riesigen Spaß. Schneiden Sie beliebig viele Kärtchen auf 7 x 7 cm zurecht und stempeln Sie immer zwei Kärtchen mit demselben Motiv. Die Rückseite der Kärtchen wird mit dem Schriftzug „Memory“ versehen. Feuchten Sie dafür den Formy an einer Längsseite gut an und ritzen Sie mit einem Kugelschreiber die Buchstaben in Spiegelschrift sanft ein (s. Anleitung S. 12). Achten Sie darauf, dass die Rückseite der Kärtchen völlig einheitlich gestaltet ist, sonst lassen sich die Karten beim Spielen unterscheiden. Die getrockneten Kärtchen werden anschließend mit einem Fixativspray zum Schutz eingesprüht. Der weiße Pappkarton wird ebenfalls mit Schriftzug und Motiven nach Belieben gestaltet und mit Fixativspray eingesprüht.

MEMORY
MEMORY
MEMORY
MEMORY
MORY
MEMORY
MEMORY

Quartett

Material

- starker Karton (z.B. die Rückseite eines Malblocks)
- sämtliche Formys, die Sie besitzen
- Pigment-Stempelkissen in verschiedenen Farben
- Fixativspray
- Schere

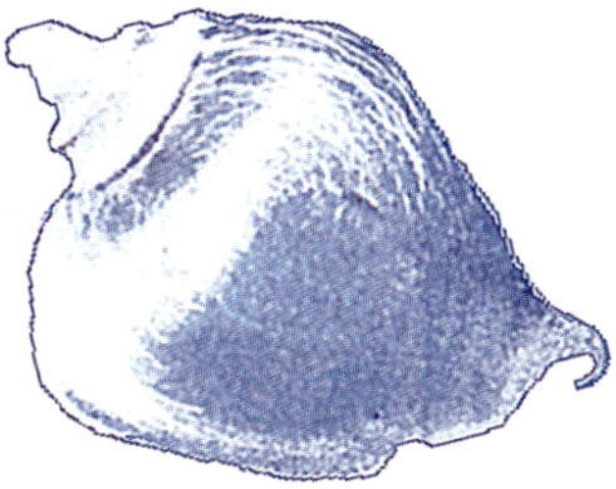

Anleitung

Beim Quartett gehören immer 4 Spielkarten zusammen. Schneiden Sie die Karten auf 8 x 12 cm zurecht und bilden Sie beliebig viele, optisch zusammengehörige Motivgruppen. Für den Schriftzug auf der Rückseite wird die Längsseite eines Formys angefeuchtet und die Buchstaben werden in Spiegelschrift vorsichtig eingeritzt. Die getrockneten Karten werden mit Fixativspray eingesprüht.

Zum Spielen werden die Karten verdeckt ausgeteilt. Jeder darf beim Sitznachbarn eine Karte ziehen. Hat man eine Gruppe beisammen, darf man die Karten zeigen und ablegen. Wer zuerst keine Karten mehr hat, ist der Gewinner.

Töpfe und Kästchen

Material

- Terrakottatöpfe
- matte Bastelfarbe in Grün und Hellblau
- kleiner eckiger Formy
- getrocknete Orangenscheibe
- ein frischer Kirschlorbeerzweig
- Pigment-Stempelkissen in Hellgrün, Blau, Grün und Schwarz

Anleitung

Bemalen Sie die Töpfe mit Bastelfarbe und lassen Sie sie trocknen. Für den grünen Blumentopf wird der Formy erwärmt und die Orangenscheibe hineingedrückt. Färben Sie den Formy großzügig über den Abdruck der Orangenscheibe hinaus mit Hellgrün ein und betupfen Sie sie anschließend mit dunklerem Grün. Zuletzt wird noch etwas Schwarz aufgetupft. Es sieht reizvoll aus, wenn die Farben nicht genau mit dem Motiv abschließen. Um die Stempelkissen sauber zu halten, muss der Formy vor jedem erneuten Einfärben gesäubert werden. Für den blauen Topf wird der Formy erwärmt, ein kleiner Zweig mit der strukturierten Seite der Blätter nach unten auf den warmen Block gelegt und mit einem Buch von oben kurz darauf gepresst. Dann wird der Formy in Blau eingefärbt und für den Kontrast etwas Schwarz auf Blättern und Stängel verteilt.

Zitronenkästchen

Material

- Zitronenkästchen aus Holz
- matte Bastelfarbe in Weiß
- eckiger Formy
- getrocknete Orangenscheibe
- ein frischer Zweig von einem Kirschlorbeer
- Pigment-Stempelkissen in Blau, Hellgrün, Grün und Schwarz

Anleitung

Bemalen Sie das Kästchen mit weißer Bastelfarbe und fertigen Sie einen Stempel von der Orangenscheibe und von dem Zweig an. Für den Abdruck des Kirschlorbeerzweiges sollten Sie ein Brettchen oder ein Buch verwenden (siehe Anleitung Seite 11). Färben Sie nun den Formy, wie bei den Blumentöpfen (S. 27) beschrieben, ein und stempeln Sie die Motive abwechselnd rundherum auf das Kästchen.

Nähkästchen

Material

- Schubladenkästchen aus Holz
- matte Bastelfarbe in Orange und Lachs
- farbloses Lackspray
- kleine eckige Formys
- Pigmentstempelkissen in Rot und Schwarz
- verschiedenes Nähzubehör, wie Schere, Knöpfe, Garn usw.

Anleitung

Bemalen Sie das Kästchen in Orange und die Schubladen in Lachs. Anschließend werden die Stempel hergestellt.

Arrangieren Sie drei Rollen Nähseide auf dem Tisch. Überlegen Sie vorher, ob der Abdruck ein Hochformat oder ein Querformat werden soll. Nun wird der Formy erwärmt und von oben auf die Nähseide gedrückt. Färben Sie den Formy rot ein und tupfen Sie etwas Schwarz auf die Eindrücke der Nähseide. Die Knöpfe und die Sicherheitsnadeln müssen ebenfalls vor dem Abdrücken auf dem Tisch arrangiert werden und der Formy wird von oben darauf gedrückt. Die kleine Schere, der Reißverschluss und der Zwirnstern werden hingegen auf den erwärmten Formy gelegt und dann mit Hilfe eines Buches oder Brettchens kurz in den Formy gepresst. Anschließend werden die Motive in Schwarz oder Rot und Schwarz auf die Frontseiten der Schubladen gestempelt. Nachdem die Farbe getrocknet ist, wird das Kästchen mit farblosem Lackspray versiegelt.

Muschelkasten

Material

- Holzkästchen
- kleine eckige Formys
- Muscheln
- ein Stückchen dicke Schnur
- Topfschrubber
- Pigment-Stempelkissen in Hellblau, Blau und Schwarz
- farbloses Lackspray

Anleitung

Arrangieren Sie die Muscheln auf dem Topfschrubber, erwärmen Sie den Formy und drücken Sie ihn von oben darauf. Anschließend wird eine Seitenkante des Formys erwärmt und in den Topfschrubber gedrückt. Färben Sie die Muscheln mit Hellblau, Blau und ein wenig Schwarz ein und stempeln Sie den Formy auf dem Deckel des Kastens ab. Die Topfschrubber-Struktur auf der Seitenkante des Formys wird schwarz eingefärbt und die freien Stellen des Deckels damit dekoriert. Machen Sie einen Knoten in die Schnur und drapieren Sie ihn schwungvoll auf dem Tisch. Die Schnur wird ebenfalls von oben kommend abgedrückt. Die große Muschel wird mit der geschlossenen Seite in den erwärmten Formy gedrückt. Färben Sie nun die Motive in den drei Farben ein und stempeln Sie sie abwechselnd auf die untere Hälfte des Kästchens. Nach dem Trocknen wird der Muschelkasten mit Lackspray versiegelt.

ENGLISCH VERLAG

Bücher für Kreative

ISBN 3-8241-0763-5
Broschur, 32 S., Vorlageb.

ISBN 3-8241-0604-3
Broschur, 32 Seiten

ISBN 3-8241-0715-5
Broschur, 64 Seiten

ISBN 3-8241-0614-0
Broschur, 32 S., Vorlageb.

ISBN 3-8241-0712-0
Broschur, 64 Seiten

Lust auf Mehr?

Liebe Leserin, lieber Leser,

natürlich haben wir noch viele andere Bücher im Programm. Gerne senden wir Ihnen unser Gesamtverzeichnis zu. Auch auf Ihre Anregungen und Vorschläge sind wir gespannt. Rufen Sie uns einfach an oder schreiben Sie uns.

Englisch Verlag GmbH
Postfach 2309 · 65013 Wiesbaden
Telefon 0611/94272 - 0 · Telefax 0611/410665